In 10 Schritten
zum Glück

Ein Kurzkurs zu mehr Lebensqualität

Charlotte Lühmann

AF199668

In 10 Schritten
zum Glück

Ein Kurzkurs zu mehr Lebensqualität

Charlotte Lühmann

www.charlotte-luehmann.de

Bibliografische Information der Deutschen National-bibliothek:
Die Deutsche Nationalbibliothek verzeichnet diese Publikation in der Deutschen Nationalbibliografie; detaillierte bibliografische Daten sind im Internet über http://dnb.dnb.de abrufbar.

© 2018 Charlotte Lühmann

Herstellung und Verlag: *BoD – Books on Demand, Norderstedt*

ISBN: *978-3-746066721*

Copyright-Vermerk: *Das gesamte Werk ist urheber-rechtlich geschützt. Von der Autorin nicht geneh-migte Verwertung ist unzulässig und wird straf-rechtlich verfolgt. Dies gilt auch für die Verbreitung durch Film, Fernsehen, Funk, fotomechanische Wiedergabe, Tonträger und Bildtonträger jeder Art, elektronische Medien sowie Übersetzungen oder auszugsweisen Nachdruck.*

MIX
Papier aus verantwortungsvollen Quellen
Paper from responsible sources
FSC® C105338
FSC
www.fsc.org

Einleitung

Geht das überhaupt? In nur 10 Schritten zu lernen, mehr Glück zu empfinden?
Ja, es geht! Sie müssen nur anfangen, es zu tun! Denn wollen alleine genügt nicht, man muss es auch tun, sagte schon Konfuzius.

Es gibt viele alte Weisheiten aus aller Herren Länder, die genau das beschreiben, was zu tun ist. Wohl jeder stimmt dem zu, aber die wenigsten handeln danach. Dabei ist es ganz einfach. Ein bisschen umdenken, ein bisschen mehr wahrnehmen – Achtsamkeit. Auch so ein Wort, das in vieler Leute Munde ist. Und auch hier gilt: Viele stimmen dem zu, doch die wenigsten handeln danach.

Also fangen wir einmal ganz von vorne an, mit dem ersten Schritt: Vom Wollen zum Handeln.

Vorwort

Wer von uns wünscht sich das nicht - ein Leben in Glück und Harmonie, voller Überfluss, voller Zufriedenheit, Unbekümmertheit, sorgenfrei ...

Auch ich befand mich einmal an diesem Punkt, an dem ich meinte, in meinem Leben etwas ändern zu müssen. Nur „wie" und „was" - das waren die Hauptfragen, um die sich alles drehte.
Ist man doch mit der Zeit in einem Gedankenmuster verflochten, was es nicht einfach macht, einfach mal umzudenken.

Ich las wie eine Besessene, jede freie Minute, die ich hatte, nutzte ich als Gelegenheit zum Lesen.Um bald festzustellen: In wohl jedem Buch steckt irgendetwas Brauchbares - aber das alleine genügt nicht.
Man liest also ein zweites Buch, und auch hier wiederum macht man die Erfahrung, es steckt etwas Brauchbares auch in diesem Buch. Man liest oft Dinge, die man in einem anderen Werk wahrgenommen hat.

So las ich auf der Suche nach dem „wie" und dem „was" in einem Zeitraum von 12 Monaten etwa 30 verschiedene Bücher, manche mehrmals, um festzustellen:

Wenn all das Wissen dieser Bücher in einem Buch zusammengefasst wäre, dann würde es vollkommen ausreichen. Man würde eine Menge Zeit sparen.

Und so entstand dieses Buch.

Nicht ohne Grund haben Sie sich dazu entschieden, dieses Buch zu lesen.
Vielleicht stehen Sie gerade jetzt an einem Wendepunkt in Ihrem Leben. Sie wollen etwas verändern.
Sie wollen glücklich und zufrieden sein - mit sich und der Welt im Einklang. Nur wie soll man das bewerkstelligen? Eigentlich fühle ich mich ja auch ganz wohl so, wie ich bin und wie ich lebe - so kenne ich mich. Also weiß ich gar nicht, was ich verändern soll.
Außerdem behagt mir der Gedanke nicht so sehr, etwas Grundlegendes in meinem Leben verändern zu müssen. Nicht schon wieder. Und selbst, wenn ich das tun wollte, ich wüsste ja gar nicht wie.

Ich werde nun versuchen, Ihnen einige Ansatzpunkte zu geben, die Sie vielleicht ermuntern: Vielleicht wäre es doch einen Versuch wert, dieses oder jenes zu tun und dann einfach mal zu sehen, was passiert - mit mir, mit meiner Umwelt, mit meinem Empfinden. Vielleicht liegt ja doch ein Funken Glück irgendwo vergraben, den ich noch nicht kenne, und ich muss ihn nur ausfindig machen.
Für all diese Menschen sei dieses Buch geschrieben.

Denn eines sollte jedem bewusst sein. Dieses Leben gehört niemandem, außer einem selbst. Und was man aus seinem Leben macht, auch das liegt an einem Selbst. Man hat
alles selber in der Hand. Glücklich zu werden oder unglücklich, traurig zu sein oder fröhlich, erfolgreich zu sein,oder nicht, in Wohlstand und Reichtum zu leben oder in Armut.

Das alles sind unsere alleinigen Entscheidungen, die wir für uns selber treffen können und sollten.

Das glauben Sie nicht? Na, dann fangen wir mal an.

Herzlichst Ihre

Charlotte Lühmann

Was ist Glück überhaupt?

Was ist Glück? Wie erreiche ich es, glücklich zu sein?

Glück – ein großer Begriff

Alle träumen davon, glücklich zu sein, aber die wenigsten wissen, wie es geht.
Dabei ist es gar nicht so schwer. Es reicht, ein paar Änderungen an Ihren persönlichen Glaubenssätzen vorzunehmen, ein wenig mehr Achtsamkeit zu üben. Klingt zu einfach, meinen Sie?

Für jeden Einzelnen bedeutet „Glück" oder „glücklich sein" etwas anderes.

Um überhaupt Glück wahrnehmen zu können, ist es notwendig, erst einmal wahrzunehmen, was um Sie herum passiert. Die vielen kleinen Kleinigkeiten sind es nämlich, die einem das Gefühl geben können, „glücklich" zu sein.

Durch das Erleben von positiven Emotionen erfahren wir Glück.

Wenn man sich bei dem, was man tut, wohl fühlt, wenn wir uns und unser Tun als sinnvoll erleben, wenn wir positive Beziehungen erleben können, erfahren wir positive Gefühle, die uns glücklich machen.

Inwiefern wir diese positiven Gefühle wahrnehmen, hängt stark mit unserer Persönlichkeit, unserer Wahrnehmung und unseren Glaubenssätzen zusammen.

Wenn wir immer der Meinung sind, gut ist nicht gut genug, da muss es doch noch etwas Besseres geben ... dann machen wir uns selber das Leben schwer.

Glück erfahren wir, wenn wir unsere Aufmerksamkeit auf die vielen kleinen, positiven Dinge richten, die uns wiederfahren und diese auch wahrnehmen. Und das bedeutet ein Leben im Hier und Jetzt.

Denn dann erkennen wir den Sinn in den Dingen, die wir tun.

Früher mögen Ihre Glaubenssätze sinnvoll gewesen sein. Aber ab und zu bedarf es einer Überprüfung, ob sie noch mit Ihren heutigen Werten und Lebensumständen übereinstimmen.

Natürlich gibt es auch das unvorhersehbare, kurze, plötzliche Glück, z.B., wenn man im Lotto oder eine Reise gewinnt, wenn man etwas geschenkt bekommt. Etwas, das aus heiterem Himmel unverhofft passiert, kann für einen gewissen Zeitraum ein großes Glücksgefühl hervorrufen. Das ist aber nicht das Glück, das uns dauerhaft glücklich und zufrieden macht.

Erster Schritt

Vom Wollen zum Handeln

„Es ist nicht genug, zu wissen, man muss es auch anwenden;

Es ist nicht genug zu wollen, man muss es auch tun."

Johann Wolfgang von Goethe

Den ersten Schritt zum Glück haben Sie erfolgreich begonnen, indem Sie angefangen haben, dieses Buch zu lesen und etwas für Ihr Glück zu tun.

Übernehmen Sie Verantwortung für Ihr Leben!

Viele Menschen wollen glücklich sein, aber wenn es darum geht, selber etwas dafür zu tun und die Verantwortung dafür zu übernehmen, nämlich indem Sie handeln, dann versuchen viele Menschen, Glück im Außen zu suchen und meinen, andere Menschen oder Lebensumstände seien für ihr Glück verantwortlich.
Werden Sie sich bewusst, dass niemand anders als Sie die Verantwortung für Ihr Leben übernehmen kann! Deswegen ist der erste und wesentliche Schritt auf dem Weg zum Glück, sich dafür zu entscheiden, ab sofort ein

glückliches Leben führen zu wollen und auch danach zu handeln.

Damit sind die wichtigsten Weichen für ein glückliches Leben gestellt.

Übernehmen Sie die Verantwortung für Ihr Leben und handeln Sie!

Zweiter Schritt

Lächeln Sie!

„Jeder Tag, an dem Du nicht lächelst, ist ein verlorener Tag."

Charlie Chaplin

Wenn Sie morgens ins Bad gehen und noch ganz zerknautscht aussehen, werfen Sie einen Blick in den Spiegel und lächeln Sie sich an, etwa eine Minute lang an!

Am Anfang wird Ihnen das sicherlich komisch vorkommen. Aber Sie werden bemerken, dass Ihre Laune ganz erheblich steigt!

Woran das liegt?

In dem Moment, in dem Sie lächeln, werden durch Ihre Gesichtsmuskulatur die Muskeln angespannt, die dafür sorgen, dass das Glückshormon Serotonin freigesetzt wird.

Ob Sie wollen oder nicht ... Sie werden sich besser fühlen!

Also, lächeln Sie! So oft es geht! Und wenn Sie spüren, dass Ihre Laune den Bach heruntergeht?
Treten Sie vor den Spiegel, sehen Sie sich an – und lächeln Sie!

Dritter Schritt

Leben Sie heute! Und erwarten Sie nur gute Dinge für den Tag!

„Das was Du heute denkst, wirst Du morgen sein."

Buddha

Ihr Wecker klingelt. Sie wachen auf.
Was sind Ihre ersten Gedanken? Achten Sie einmal darauf, was Sie denken.
Sind diese Gedanken eher positiver oder negativer Natur?
Denken Sie daran, was Sie heute alles Schönes erleben können, oder holt Sie der Alltagsfrust schon wieder ein?

Gewöhnen Sie sich an, sobald sie erwachen, erst einmal wahrzunehmen, dass dies ein neuer Tag ist. Werden Sie sich bewusst, dass jeder Tag neue Dinge für Sie bereithält. Und stellen Sie sich vor, dass die Dinge, die dieser Tag für Sie bereithält, nur positiver Natur sind.

Räkeln Sie sich, genießen Sie noch einmal die Bettwärme und freuen Sie sich innerlich auf die schönen Dinge, die Ihnen passieren könnten. Malen Sie sich aus, wie all die schönen Dinge passieren. Fühlen Sie regelrecht, wie Sie sich dabei fühlen werden, wenn Ihnen gute Dinge widerfahren.

Setzen Sie einen Kaffee auf (oder was sonst Sie morgens trinken) und genießen Sie den Beginn des neues Tages, der Ihnen so viel Gutes bringen kann.

Erwarten Sie nur gute Dinge für diesen Tag!

Glauben Sie einfach daran, dass er Ihnen Gutes bringen wird!

Entspannen Sie sich während Ihrer ersten Tasse Kaffee, malen Sie sich aus, wie der Tag heute ablaufen könnte und konzentrieren Sie sich dabei nur auf die positiven Dinge, die Ihnen widerfahren könnten.

Wenn Ihnen schlechte Gedanken kommen, nehmen Sie sie kurz wahr, räumen Sie diesen Gedanken aber keinen Raum ein. Halten Sie nicht an den negativen Gedanken fest, indem Sie sie in Ihrem Kopf kreisen lassen. Lassen Sie sie los! Und konzentrieren Sie sich dann wieder auf positive Gedanken!

Sie werden spüren, wie der Gedanke daran, dass Ihnen positive Dinge wiederfahren, Ihnen ein gutes Gefühl gibt und Energien in Ihnen freisetzt. Positive Energien.

Und Sie werden bemerken, dass auch Ihr Umfeld anders auf Sie reagiert. Denn das, was Sie ausstrahlen, erhalten Sie zurück.

Werden Sie sich darüber klar, dass es diesen Tag nur ein einziges Mal in Ihrem Leben geben wird - und dass er morgen schon wieder vorbei ist. Also nutzen Sie diesen einen Tag! Damit Sie morgen sagen können: Gestern war ein toller Tag!

Vierter Schritt

Üben Sie Achtsamkeit!

„Glück entsteht oft durch Aufmerksamkeit in kleinen Dingen, Unglück oft durch Vernachlässigung kleiner Dinge."

Wilhelm Busch

Erwachen Sie, wie am ersten Tag.
Wahrscheinlich müssen Sie sich erst einmal daran gewöhnen, sich noch einmal im Bett zu räkeln, sich auf den Tag zu freuen. Aber wenn Sie dies jeden Tag tun, dann wird es für Sie zur Selbstverständlichkeit werden. Und Sie werden erleben, wie der Tag sich positiv entwickeln wird.

Beginnen Sie heute damit, all die positiven Dinge wahrzunehmen, die Ihnen begegnen.

Aber was sind die guten Dinge?

Die guten Dinge müssen nicht immer nur die großen Dinge sein. Es ist die Gesamtheit der kleinen Dinge, die uns glücklich macht. Und dann folgen die großen Dinge ganz von selbst.

Sie müssen sich nur erst einmal in die richtige Schwingung bringen, um die guten Dinge überhaupt wahrzunehmen. Und das beginnt mit einem Lächeln und mit Achtsamkeit.
Rasen Sie nicht wie gewohnt durch Ihre Wohnung, durch die Straßen, zu Ihrem Arbeitsplatz.

Halten Sie kurz inne.

Entdecken Sie Dinge, die Sie lieben. Betrachten Sie sie. Und freuen Sie sich beim Betrachten dieser Dinge. Sie sind auf der gleichen Schwingung wie all das, was Sie wahrnehmen. Sind es positive Dinge, befinden Sie sich in einer positiven Schwingung. Sind die Dinge negativ, die Sie wahrnehmen, sollten Sie sich ganz schnell auf die Suche nach positiven Dingen machen. Und Sie werden sehen: Sie fühlen sich gleich viel besser. Ihre Schwingung ändert sich. Sie konzentrieren sich auf die schönen Dinge und das ändert auch Ihr Umfeld. Weil sich Ihre Wahrnehmung ändert.
Und Sie werden bemerken: Sie lächeln! Und das ganz automatisch!

Suchen Sie nach Dingen in Ihrem Umfeld, die Sie lieben!

Freuen Sie sich, wenn der Pförtner in Ihrer Firma Ihnen einen guten Morgen wünscht. Und wünschen Sie ihm diesen ebenfalls.

Freuen Sie sich, wenn Sie am Morgen den Vogel zwitschern hören, der den Frühling einläutet.

Freuen Sie sich, wenn Sie im Winter den ersten Schnee liegen sehen und denken Sie an all die Kinder, die jetzt Schneemänner bauen können.

Freuen Sie sich, wenn Ihnen jemand eine Tasse Kaffee zum Schreibtisch bringt.
Freuen Sie sich an dem Geruch des frischen Kaffees Ihrer Kaffeemaschine.
Freuen Sie sich über Ihr Haustier, das Sie morgens liebevoll begrüßt.

Freuen Sie sich über den Cent, den Sie am Straßenrand liegen sehen und heben Sie ihn auf!

Freuen Sie sich über die kostenlose Zeitung, die Ihnen als Werbeexemplar geliefert wurde.

Freuen Sie sich über die Sonne, die scheint und in das Gesicht aller Menschen ein Lächeln zaubert.

Freuen Sie sich über die neue Blüte an Ihrer Pflanze.

Beginnen Sie einfach einmal damit, Ihr Augenmerk auf all die guten Dinge zu richten, die Ihnen den ganzen Tag über begegnen. All diese Dinge widerfahren Ihnen oft. Nur meist sind Sie zu beschäftigt, um sie wahrzunehmen.
Halten Sie inne. Nehmen Sie wahr, was um Sie herum geschieht.

Seien Sie achtsam!
Nehmen Sie die guten Dinge wahr!

Sie werden bemerken: Dadurch werden Sie nicht langsamer. Im Gegenteil. All die positiven Dinge, die Sie wahrnehmen, geben Ihnen Kraft und Energie. Und diese Kraft und Energie machen sich in Ihrem Alltag bemerkbar.

Sie werden leistungsfähiger. Sie werden fröhlicher. Sie fühlen sich glücklicher. Sie sind energiegeladener.

Fünfter Schritt

**Wenden Sie sich von negativen Dingen ab!
Bewerten Sie nicht!**

*„Das Leben ist bezaubernd. Man muss es
nur durch die richtige Brille sehen."*

Alexandre Dumas

Ihnen passieren den ganzen Tag über unzählige Dinge.
Positive genauso wie negative.

Das Interessante daran:

Ob die Dinge positiv oder negativ sind, hängt einzig und
alleine davon ab, wie Sie sie empfinden. Denn ganz ob-
jektiv gesehen, sind die Dinge einfach so, wie sie sind.
Weder positiv, noch negativ.

Also, beginnen Sie damit, die Dinge anders zu bewerten,
sie also aus einem anderen Blickwinkel zu sehen, oder
bewerten Sie sie am besten gar nicht!

Erweitern Sie Ihren Horizont!

Nehmen Sie einfach nur wahr, was ist.

Sehen Sie die Dinge aus einer anderen Perspektive

Stellen Sie sich vor, Sie stehen im Autostau. Sie ärgern sich darüber. Aber durch die Tatsache, dass Sie im Moment im Stau stehen, haben Sie die Möglichkeit, im hektischen Alltag einmal runterzukommen, die Dinge und vielleicht sogar die Natur um Sie herum wahrzunehmen, ein schönes Lied im Radio zu hören, dass Sie an alte Zeiten erinnert und Ihre Stimmung hebt. Anstatt wie ein Hamster im Hamsterrad umher zu rennen, haben Sie gerade einen Moment der Ruhe gewonnen. Klar, Sie können sich über den Stau ärgern. Oder aber, Sie nutzen ihn, um einmal zwischendurch zur Ruhe zu kommen. Sie merken schon, es hängt alles einzig und allein davon ab, wie Sie die jeweilige Situation bewerten.

Sie werden bemerken: Manche Dinge, die Ihnen im ersten Moment schlecht erscheinen, sind es gar nicht mehr, wenn Sie sie aus einem anderen Blickwinkel betrachten.

Sie selbst sind die Person, die entscheidet, ob etwas gut oder schlecht ist.
Hören Sie auf zu bewerten! Nehmen Sie einfach nur wahr!
Benimmt sich jemand in Ihren Augen unmöglich und das nervt Sie? Das ist IHR Problem. Der andere ist vielleicht sehr glücklich mit dem, was er tut. Wenn es Sie stört - gehen Sie weg davon. Regen Sie sich nicht darüber auf. Denken Sie sich einfach: Okay. Wenn er meint, dass er so sein muss, muss er so sein. Nicht mein Problem. Sie haben es wahrgenommen, aber nicht an sich herangelassen. Denken Sie nicht länger über diese Person nach und schenken Sie ihr vor allem keine Energien. Begeben Sie sich nicht auf eine schlechte Schwingung. Das ist es

niemals wert. Nehmen Sie einfach nur wahr, dass es so ist, aber ohne die Situation zu bewerten.

Nehmen Sie nur wahr, was um Sie herum geschieht, bewerten Sie es nicht!
Üben Sie sich darin, die Dinge zu sehen und wahrzunehmen, ohne jedwede Bewertung. Nehmen Sie wahr: Da ist ein Mensch. Mehr nicht. Ob dick oder dünn, schlau oder dumm, jung oder alt, hässlich oder schön ... das ist vollkommen uninteressant. Bewerten Sie nicht!

Sechster Schritt

Ändern Sie Ihre Sprache!

„Es wird immer gleich ein wenig anders,
wenn man es ausspricht."

Hermann Hesse

Nachdem Sie nun wissen, worauf Sie am Tag achten sollten, beginnen Sie, auch Ihre Sprache umzustellen.

Wie ist es? Sprechen Sie über die schlechten Nachrichten, die Sie gestern Abend noch im Fernsehen gesehen haben?

Sprechen Sie über den lauten Nachbarn, der der Grund dafür ist, warum Sie nicht in Ruhe Ihr Wochenende genießen konnten?
Beschweren Sie sich über den Autofahrer, der Sie angehupt hat, weil er es eiliger hatte als Sie, beschweren Sie sich über die Radfahrer, die immer vor Ihrer Nase „herumeiern",
War Ihr Kind wieder zu anstrengend?
Und die Soße beim Essen war auch zu flüssig!

Halt!!!

All das sind negative Dinge, mit denen Sie sich da beschäftigen und die Sie auch noch in Worte fassen und anderen erzählen. Dadurch steigt auch in Ihnen wieder die Negativität und Sie werden sich nicht gut fühlen.

Halten Sie inne!

Ist es das, was Sie wollen? All das Negative?

Gewöhnen Sie sich an, nur noch über die positiven Dinge zu sprechen. Über die Dinge, die Ihnen Freude bereitet haben und die Sie sich wünschen.

Es gab einen tollen Beitrag im Fernsehen über ein bestimmtes Thema. Der war sehr interessant.
Der letzte Tatort war wirklich gut gemacht.
Die Sonne schien in mein Fenster und es tat gut, die ersten Sonnenstrahlen wahrzunehmen.
Mein Nachbar hat mir die Tür aufgehalten.
Ich habe ein ausgiebiges Bad genommen und mich entspannt.
Ich habe zehn Cent auf der Straße gefunden.

All das sind positive Dinge, die Ihnen wiederfahren sind. Erinnern Sie sich an diese Dinge und spüren Sie die Freude dabei noch einmal, wenn Sie sich zurückerinnern. An das gute Gefühl, das diese Dinge in Ihnen ausgelöst haben.

Und was tun Sie, wenn Ihnen jemand negative Dinge erzählt?

Nehmen Sie Abstand. Bewegen Sie sich nicht auf der gleichen Schwingung. Nehmen Sie die Negativität nicht an. Vielleicht können Sie Ihrem Gesprächspartner sagen:

Das hört sich nicht gut an, aber gab es nicht auch irgendetwas Positives an der Person?

Wenn nicht, behalte es bitte für Dich.

Hatte sie vielleicht schöne Schuhe an oder gut sitzende Haare?

Ist das, was Du mir erzählen möchtest, positiv?

Bewegen Sie sich weg von der Negativität und hin zu positiven Gedanken.

Ob Sie es glauben oder nicht - es geht immer, sich von negativen Gedanken fortzubewegen, hin zu positiven Gedanken. Fangen Sie an, Ihre Gedanken zu kontrollieren. Geben Sie dem Negativen keinen Spielraum. Schränken Sie ihn von Tag zu Tag mehr ein. Bis die positiven Dinge in Ihren Gedanken überwiegen.

Ändern Sie Ihre Sprache!

Schreiben Sie sich einmal auf, was Sie in Ihrem Leben haben möchten, was Sie erreichen möchten, wie Sie leben möchten. Was ist wichtig für Sie?

Halt!

Unser ganzes Leben, unsere ganzen Gedanken sind so ausgerichtet, dass wir ständig nur an die Dinge denken, die wir nicht wollen.

Ich will keine Rechnungen mehr bekommen."

„Ich will mich nicht mit meinem Partner strei-
ten."

„Ich kann das einfach nicht."

„Das will nicht in meinen Kopf rein ..."

Solche und ähnliche Gedanken sind Ihnen wahrscheinlich nur allzu bekannt.
Formulieren Sie diese Sätze um! Schreiben Sie nicht auf
und sagen Sie nicht, was Sie alles NICHT wollen oder
können! Formulieren Sie die Sätze positiv!

Wie Sie das machen? Hilfreich ist, ein Blatt Papier zu
nehmen und die negativen Sätze, die Ihr Leben bestim-
men, auf die linke Seite zu schreiben. Und jeweils rechts
daneben den positiven umformulierten Satz.

Ich mache Ihnen das einmal anhand einer Tabelle deut-
licher:

Was Sie nicht wollen	Umformulierter Satz – Was Sie wollen!
Ich will keine Rechnungen mehr bekommen!	Ich habe viele Einnahmen!
Ich will mich nicht immer mit meinem Partner streiten!	Ich lebe in Harmonie mit meinem Partner!
Ich kann das einfach nicht!	Ich kann es lernen!
Ich will nicht stundenlang einen Parkplatz suchen!	Ich erhalte einen Parkplatz direkt vor der Tür!
Ich will keinen Husten und Schnupfen mehr!	Ich kann frei atmen. Ich bin gesund!

Wichtig dabei ist, dass Sie die negativ belasteten Sätze so ins Positive umformulieren, als wäre die Situation bereits so. Also formulieren Sie sie nicht in der Zukunft: „...ich werde ...", sondern in der Gegenwart: „... ich bin ...; ...ich habe ..."

Und das geht in allen Bereichen, mit allen Sätzen, seien Sie ein bisschen kreativ. Ihnen wird eine positive Formulierung einfallen.

Bauen Sie mit Ihren Worten Schlösser und keine Gräber!

Sagen Sie nur noch, was Sie WOLLEN! Ändern Sie Ihre Sprache!
Nun sind Sie schon einen ganzen Schritt weiter auf dem Weg zum Glück.

Wenn Sie nur noch über die positiven Dinge sprechen, die Sie erlebt haben und über die schönen Dinge, die Sie sich wünschen, dann beginnen Sie, auch anderen gegenüber mit Ihren Worten Schlösser zu bauen anstatt Gräber.

Und wenn Ihnen Negatives begegnet, was Ihnen immer wieder passieren wird, dann wenden Sie sich einfach ab. Nehmen Sie es nicht an. Begeben Sie sich nicht auf die gleiche negative Ebene. Verschwenden Sie keinen Gedanken an die negativen Dinge.

Die negativen Dinge, die anderen passieren, sind nicht Ihre negativen Dinge. Und es gibt einen Grund dafür, warum andere die negativen Dinge anziehen. Tun Sie das nicht! Wenden Sie sich ab, aber befassen Sie sich auch nicht weiter damit. Das ist nicht Ihr Schuh. Und er passt Ihnen ganz und gar nicht.

Denn Sie sind auf einer positiven Schwingung und ziehen damit auch nur noch positive Dinge für Ihr Leben an.

Sie erwarten positive Dinge, Sie nehmen positive Dinge wahr, Sie sprechen über positive Dinge. Und all das Positive, das Sie erwarten, über das Sie sprechen, bewirkt, dass Sie sich gut fühlen, mehr Energie haben und glücklicher sind.

Und was passiert dann? Dann begegnen Ihnen positive Dinge, positive Menschen. Weil Sie das Positive anziehen und sich von dem Negativen abgewandt haben, das vorher Ihre Gedanken blockiert hat.

Siebter Schritt

Nehmen Sie Chancen wahr!

„Ich prüfe jedes Angebot. Es könnte das Angebot meines Lebens sein."

Henry Ford

Handeln Sie!

Und wenn es soweit ist, wenn Sie eine Chance sehen, dann fangen Sie an zu handeln!

Lassen Sie die Chance nicht tatenlos vorbeiziehen. Handeln Sie!

Ihnen kommt ein kurzer Gedanke, wie Sie Ihren Umsatz erhöhen können? Wie Sie Ihre Beziehung wieder in Schwung bringen können?

Nutzen Sie diesen Gedanken und schreiben Sie ihn auf!

Und dann beginnen Sie aufzuschreiben, was zu tun ist, damit dieser Gedanke in die Realität umgesetzt werden kann.

Was ist dafür notwendig? Was müssen Sie tun? Was ist der erste Schritt?
Und dann handeln Sie!

Achter Schritt

Seien Sie dankbar!

„Nicht die Glücklichen sind dankbar.

Es sind die Dankbaren, die glücklich sind."

Francis Bacon

Ziehen Sie einmal Revue über Ihr Leben.

Was gab es in der Vergangenheit alles, was Ihnen Gutes widerfahren ist? Was hatten Sie für schöne Tage, worüber haben Sie sich besonders gefreut? Was hat Ihnen Spaß gemacht? Was hat Sie glücklich gemacht?
Und dann seien Sie dankbar dafür!

Seien Sie dankbar dafür, dass Sie einen tollen Tag erlebt haben.

Seien Sie dankbar dafür, dass Sie einen Job haben!

Seien Sie dankbar dafür, dass Sie gute Freunde haben!

Seien Sie dankbar dafür, dass Sie einen liebevollen Partner haben!

Seien Sie dankbar dafür, dass Sie einen Cent auf der Straße gefunden haben!

Seien Sie dankbar dafür, dass die Sonne scheint!

Seien Sie dankbar dafür, dass es elektrischen Strom gibt!

Suchen Sie Dinge, für die Sie dankbar sein können!

Und danken Sie dafür, dass Sie diese Dinge besitzen, erleben durften oder können.

Neunter Schritt

Tun Sie Dinge mit Leidenschaft!

„Durch die Leidenschaft lebt der Mensch.

Durch die Vernunft existiert er bloß."

Nicolas Chamfort

Können Sie sich noch daran erinnern, wie Sie als Kind stundenlang vor Ihren Bauklötzen, Spielautos oder Puppen gesessen haben und sich einfach nur gut gefühlt haben? Sie waren vertieft in das Spiel.
Sie haben mit Leidenschaft gespielt!

Entdecken Sie für sich wieder Ihre Leidenschaft!

Tanzen Sie gerne? Treiben Sie gerne Sport? Tun Sie es! Mit Leidenschaft!

Angeln Sie gerne? Gehen Sie gerne ins Kino? Sammeln Sie Briefmarken? Tun Sie es! Mit Leidenschaft!

Sie werden bemerken, alles, was Sie mit Leidenschaft tun, gibt Ihnen ein gutes Gefühl!

Woran Sie erkennen, ob Sie etwa mit Leidenschaft tun?

Die Zeit vergeht schneller, als Sie es glauben können. Sie haben nur gute Gedanken, Sie fühlen sich wohl.

Tun Sie Dinge mit Leidenschaft!

Zehnter Schritt

Freuen Sie sich des Lebens!

„Wenn wir Freude am Leben haben, kommen
die Glücksmomente von selber."

Ernst Ferstl

Wenn Sie diese Schritte bis hierher gegangen sind, werden Sie bemerken, dass Sie sich jeden Tag ein bisschen besser fühlen.
Jeden Tag einen Schritt näher zum Glück kommen, zu mehr Energie.

Und wahrscheinlich werden Sie noch etwas bemerkt haben:

Sie bewegen sich anders, Sie haben mehr Selbstbewusstsein. Sie glauben an sich und daran, dass Sie etwas bewegen können. Sie haben viel mehr Energie.

Und genauso ist es auch!

Werden Sie sich dessen bewusst! Sie selbst sind der Meister Ihres Lebens! Sie schreiben Ihre Geschichte! Sie schreiben Ihr Buch.

Niemand anderes als Sie selbst ist für Ihr Leben verantwortlich. Die Verantwortung wäre für die anderen auch viel zu groß.

Sie selbst entscheiden, was Sie denken, was Sie fühlen, wie Sie die Dinge wahrnehmen, wofür Sie Leidenschaft empfinden und was Sie daraus machen.
Übernehmen Sie die Verantwortung für Ihre Gedanken, Ihre Gefühle, Ihre Wahrnehmung und Ihr Handeln!

Freuen Sie sich des Lebens!

Es gehört schon eine Menge Mut dazu, zuzugeben, dass der Sinn des Lebens darin besteht, sich seiner zu freuen!

Also seien Sie mutig und tun Sie es auch!
Achten Sie jeden Tag auf die Dinge, über die Sie sich freuen und freuen Sie sich jeden Tag auf die Dinge, die Ihnen Gutes bringen!

Freuen Sie sich über Kleinigkeiten und seien Sie dankbar dafür!

Freuen Sie sich auf Ihr Essen, auf einen gemeinsamen Nachmittag mit Freunden, auf interessante Gespräche mit Arbeitskollegen.

Und erwarten Sie nur positive Dinge!
Der Rest erledigt sich dann von ganz allein!

Danksagung

Ich möchte mich an dieser Stelle bei all jenen bedanken, die mein Leben geprägt haben und mich zu dem Menschen gemacht haben, der ich heute bin.

Ich bedanke mich für die vielen bewegenden Gespräche, die ich mit Freunden, Bekannten, Arbeitskollegen, meinen Kindern, meiner Mutter und auch meinen Dozenten und meinen Klienten geführt habe.

Und ich bedanke mich für das Vertrauen, dass mir all diese Menschen entgegen gebracht haben, und dass ich so viel von ihnen lernen durfte.

Über die Autorin

Als Heilpraktikerin für Psychotherapie, Hypnotherapeutin, Entspannungstherapeutin, Coach mit den Schwerpunkten **Glück, Burnout-Prävention, Stressbewältigung, und Ängste** und **Männertherapie** arbeitet Charlotte Lühmann seit 2014 als Coach, Beraterin und Therapeutin in eigener Praxis.

Als Inhaberin einer Musik-Promotion- und Marketing-Agentur war sie zuvor 20 Jahre lang als Künstlerbetreuerin für verschiedene Plattenfirmen, Konzertveranstalter und Einzelkünstler in eigenverantwortlicher Position tätig.

Aufgrund der vorherigen Tätigkeit in der Musikindustrie wurde sie schon in all den Jahren mit den Themen „Burnout, Ängste, Erfolg, Entspannung und Stressbewältigung" konfrontiert. Daraus resultierend hat sich Charlotte Lühmann auch privat intensiv mit diesen Themen befasst und in diesem Bereich eine Ausbildung absolviert und sich themenspezifisch weitergebildet.

In den folgenden Jahren absolvierte sie Fortbildungen in verschiedenen Therapieformen:

-Hypnotherapie,
-EMDR,
 -verschiedene Ebtspannungstechniken,
-medizinisches Qi Gong,
-Klangschalenmassage,
-Fantasiereisen,
- motivierende Gesprächsführung.

Seit 2018 ist Charlotte Lühmann als Dozentin für die Paracelsus Schulen tätig

Literatur

Rhonda Byrne – The Secret
Rhonda Byrne – The Power
Dale Carnegie – Sorge Dich nicht – Lebe!
Rene Egli ▪ Das LOL²A-Prinzip
Charles F- Haanel – The Master Key System
Dr. med. Eckart von Hirschhausen, Esther Wienand – Glück kommt selten allein...
Louise Hay – Spiegeltherapie
Ella Kensington – Mary – Die unbändige, göttliche Lebenslust
Ella Kensington – Die Glückstrainer
Bärbel Mohr – Bestellung beim Universum
Bärbel Mohr – Das Wunder der Selbstliebe
Luise Reddemann – Eine Reise von 1.000 Meilen beginnt mit dem ersten Schritt.
Bärbel Mohr – Bestellung beim Universum
Bärbel Mohr – Das Wunder der Selbstliebe
David J. Schwartz – Denken Sie Groß
Eckhart Tolle – Jetzt! – Die Kraft der Gegenwart